AF175029

EN LA ESQUINA
DEL VERSO

EN LA ESQUINA
DEL VERSO

Enrique Villagrasa

PRENSAS DE LA UNIVERSIDAD DE ZARAGOZA

Cualquier forma de reproducción, distribución, comunicación pública o transformación de esta obra solo puede ser realizada con la autorización de sus titulares, salvo excepción prevista por la ley. Diríjase a CEDRO (Centro Español de Derechos Reprográficos, www.cedro.org) si necesita fotocopiar o escanear algún fragmento de esta obra.

© Enrique Villagrasa
© De la presente edición, Prensas de la Universidad de Zaragoza
    (Vicerrectorado de Cultura y Patrimonio)
    1.ª edición, 2026

Colección La Gruta de las Palabras, n.º 137
Director de la colección: Fernando Sanmartín

Ilustración de la cubierta: Jesús Cisneros

Prensas de la Universidad de Zaragoza. Edificio de Ciencias Geológicas, c/ Pedro Cerbuna, 12. 50009 Zaragoza, España. Tel.: 976 761 330
puz@unizar.es   http://puz.unizar.es

 Esta editorial es miembro de la UNE, lo que garantiza la difusión y comercialización de sus publicaciones a nivel nacional e internacional.

ISBN 979-13-7014-093-9

Impreso en España
Imprime: Servicio de Publicaciones. Universidad de Zaragoza

Depósito Legal: Z 462-2026

del levantado sol el rayo ardiente.
Miguel de CERVANTES

UN POETA VIAJA EN TREN

A Nacho Escuín

I

Todo poeta ocupa un lugar.
Pero está solo, demasiado solo:
         en su escritura.

Y todo se confunde
         en el poema no sido.
La vida también nos confunde y ella es.

La poesía y su realidad son
un mismo y distinto poema:
         el verso mide las distancias.

II

Descienda la palabra y rompa página.
Libere al verso por el verso fértil.
Solos vivimos y solos morimos,
consumados por el poema no escrito.
Por el existir en el pasado ido.

Todo espera. La página acabada,
por el frío fulgor del claro sol,
luz de mirada de mil suaves besos,
de fuertes versos de un tiempo sido,
del ser solo que en su secreto espera.
Allí fuimos nosotros y esta primavera bien lo sabe.

Toda poesía es mirada errante y todo
poema es palabra ida. Memoria y lenguaje.
Canto en la noche. Cuento en la mañana.
Se inquietó el paisaje de nuevo:
                              la poesía sabe esperar.

TIEMPO PARA FLORECER

Si volviese del ayer su gesto. Ese paisaje
que también sabe de caricias soñadas.
¿Quién te quitó el deseo,
y solo te dejó la realidad,
en esta geometría textual
que es el poema?

¿Cuándo fuiste consciente
de que la tristeza sagaz,
reflejó en el espejo
tu rostro sin máscaras?

Todo esto sucedía
mientras, en el río nocturno
del ido deseo, el cadáver
del tiempo florecía.

Mientras nosotros crecíamos al aire
del río, recorriendo riberas y ribazos.
Juncos que llevarnos a las bocas,
en busca de ese sueño tardío

a la luz del candil de aquel tiempo.
Y tu nombre, poesía, la luz del día

no despertaba.

FRAGANCIA DE LA NADA

Del tiempo florecía,
pues qué tiene este papel
que ondula entre lluvias,
desde el sueño iluminado,
de compromiso y poesía.

Aquella arena, que confunde
que busca tu rostro ausente,
como el mar en su decir y desdecir.

Desciende la noche,
tras ella el alba tiene
un sabor de ucronía:
y si una tarde de azar
y necesidad regresa:
desde aquellos tiempos,
entre la vida y la muerte:
entre ser tú o poema.

Frente a ti el aroma del ser:
la uva de la poesía y su racimo.

Temor y temblor en el monte
donde el amor respira:
doliente la seta y el cardo,
esa fragancia de la nada.
Sueño de veneciana altiva
en góndola bizantina. Y un
soplo de tu mar desata
sus cabellos en tu mirar.

¡Acaso la breve sombra
de tu guiño incrementa
la belleza de su cara
nevada por el océano
y sus saladas espumas!

Así es la poesía que condena
esas y no otras mercedes de
la fama, siguiendo la voz
del poeta sencillo que ve
los versos en su humildad:
todo y nada, nada y todo.

PÁGINA EN SOLEDAD SUBVERSIVA

Todo y nada, nada y todo: destino
cuando se deshace la página en soledad,
cuando lo de ayer parecía subversivo,
ahora que todo se halla sepultado en el placer.
No deja de ser otra mentira de tu suerte.

Dices adiós a la noche, llega el verso
y todo resplandece en tu rostro y la ves
y palideces, apenas puedes iluminar
ese camino de doble encrucijada.

Esa sonrisa suya. Por tenerla te pierdes
y todavía es pura belleza, puro ritmo,
pura poesía pura, serena, jubilosa.
Víctimas seremos del subversivo placer.

Es justo y necesario ese fuego en el poema,
en el regazo de la firme escritura y escuchar
el tañer de las hojas emborronadas, arrojadas.
Aunque tal vez todo sea vana ilusión, mentira.

Frías eran las sílabas del canto y cuento.
Un aleteo de palomas llegó a tu ventana.
Tu mano arrastró los versos por la mesa.
Debemos luchar por el fulgor de las palabras.
Sobre su cuerpo inmóvil, imaginado,
las olas buscaron playa donde jugar.
El poeta rompe su pluma, sin suerte.
Ofrece luz a la arena que nada tiene.

La soledad en su profundo sueño yace
tumbada y derrotada. La fría mañana
nace sorprendida camino de la fuente.
Ahí está escrito lo poco que nos da esa
fortuna, cual otra mentira del destino.
Las palabras salen a tu encuentro
y en sus orillas las palomas beben.
La vida tiene estas cosas. Queda sombra.

NO OLVIDES TU PASADO, SILENCIO

La vida tiene otras cosas:
Es mi pasado de triste silencio,
de ausencia de palabras,
enriquecido su signo sin duda
tras sobrevivir al ardiente día.

El espacio y su forma es distinto,
y por ser eres el más inquieto verbo;
pues mis ojos generando fosfenos
han rozado sin seda las estrellas.
Tal vez el destello sea otro silencio.

El verso retrocede ante el pensamiento
y la jaula busca pájaros en el bosque.
El pensamiento retrocede ante el pájaro,
no la jaula, que abierta descansa en la rama.
El pensamiento ni canta ni cuenta.
El pájaro canta y cuenta: busca silencios.

El tigre enloquecido por el canto del pájaro
se lanza al corazón del poeta, en el centro

de su persona, donde desgarra el tiempo
el espacio único: la ausencia y su circo.

LA POESÍA NO ES COMPASIVA

Y menos en la ausencia y su circo.
Pobres poetas bastardos.
La justicia poética reinará.
Y el poema tendrá su revancha.
Los poetas ya no leen.
Solo escriben y gritan.
Olvidan que la poesía no es
compasiva y sabe esperar.

Es mi aire, mi agua, mi sustento
quien hilvana estos versos
en tu página y la mía, poeta.

Versos doctos pero claros,
cultos pero transparentes:
leyéndose el poema sin tiranías;
pues sí, en acentos de tu endecasílabo
la poesía libra su suerte. Dado que
en muda soledad cae en la página.

CONVERSACIÓN CON EL ESPEJO

En el barrio Moral: tu casa.
Descienda la palabra y rompa página.
Libere al verso por el verso fértil.
Por el existir en el pasado sido.
El universo no piensa en ti: nadie sabe.

Tal vez tú te pienses. Todo espera.
La página acabada, donde el abismo.
En el frío fulgor del claro sol te duermes.
Luz de mirada de mil trágicas ausencias,
de fuertes versos de un tiempo sido
del ser solo que en su secreto espera.

Toda poesía es mirada errante y todo
poema es palabra ida. Memoria y lenguaje.
Contra ese tiempo, si tal tiempo llegara,
y la muerte acompañara al trovador,
de sutil voz, si viese del ayer su gesto.
Si recordamos a la persona, salvamos
a la persona. ¡Tal vez esto: no otra cosa!

P. S.

Para que la poesía en su belleza no perezca,
tú, poeta, debes asumir la crítica en tus versos:
notando tu sangre hervir. Y así encuentre
mayo su primavera. Escribe pues poesía,
para que la belleza sea y el tiempo no olvide
su memoria, su mirada. Tal vez tus poemas
y solo ellos te sobrevivan: un día, un mes,
un año; una eternidad o dos: no esperes más,
es la palabra quien te dicta. Y el pensamiento
te dirige y no sabes hacia dónde. La palabra
futuro invade tu ahora. Aquellos rastrojos de
tu niñez regresan. La dependencia poética está
creada con libertad en el verso: ella y él.
Se buscaban por los ribazos. ¡Asúmelo!

DESANDAS EL CAMINO

Se buscaban por los ribazos:
Desandas el camino de las cosas,
tal vez así ganas su presencia.
Y de pronto recuerdas el silencio:
 el bautizo de los membrillos.
Las escolares voces caminaban
con su propio eco hacia el colegio.

Y hoy como ayer todo a cuestas:
recobras vida, vuelve con su luz.
No es lo más hermoso,
aquello que puede recordarse.
Tañen tus pasos y sus palabras.

Tal vez, esta mañana, otra vez
entornes los párpados sonoros
y veas las sinuosa topografía
del abismo. Tu oficio de la palabra.
Y donde quiera que crees presencia
sabrás el porqué de estos versos.

Sin recorrido ya en el poema
regresamos al decir del mundo.
A la posibilidad del hombre,
de su hambre, de su guerra.
¿Es posible que el mundo defina
al mundo? El verso: poema todo.
Palabra: cuerpo abierto. Destrozado.
Abiertas ruinas en Ucrania, en Gaza.

EN EL FRÍO CIERZO

A Antonio Iturbe, Música en la oscuridad

I
Abiertas ruinas por el frío cierzo de tu pueblo,
los crepúsculos llaman, gritan, arrancan
esa imagen de tu mundo, a orillas del Jiloca.
La vida queda en rumor de primavera, en tu verso.
Y allá en la misteriosa playa blanca, esa belleza
no envejece el mar ni sus labios violeta.
Ni siquiera su silencio secreto: último día.

La poesía es en comunión con tu pueblo.
Imbricada lágrima de mar en el sereno atardecer.
Sílaba de la noche al despertar del agua. Ni hoja
ni palabra, perfecta es la mañana: todo y nada.
Semejanza de la poesía con la poesía. Personas.
Tal vez máscaras.
Tenso carcaj donde esperan los versos.

Interrogas los pasos y tu alma cual ancla de la luna
                                    [soñó tu sueño
en el jardín sereno y su fragua, y en tus ojos que
                        [también miran al cielo ardiente,

donde buscas, tras de las sombras, y
no ves las huellas que se llevó el granero.
El bosque de la noche se cierra en círculo:

                                   arrastró tus sueños.

Colinas, árboles, luz en la viña.
Y te preguntas y solo te preguntas
cómo abrir ese misterio y su perfume:
y descubres el fulgor de la uva. Lúcida noche.
Rayo azul: la palabra sida en el cálido cierzo.
Como música en la oscuridad.

II

Un poema es como tu ágil sonrisa inmóvil
mientras la página crece en el tiempo: separada de la
[muerte.
¡Qué capacidad de seducción, el tiempo!
Tal vez mañana que nunca llega está detrás de tu
[puerta.
Grita, grita: seamos sugerentes y sugestivas llamas
en el fuego antiguo del hogar, en la calle El Temple.

Los versos cantan y mueren raudos:
de un suspiro has suprimido la belleza.
Llega el otoño: inquietud de uva tinta.
Magia intuida, desgarrada, en la lejanía el truco
ignorado del cierzo frío. Tristeza, sin una queja
de sus ojos por ver sobre la mar,
por el amor, por ser sombra del cantar.

El sol de la tarde limpia con gesto de enero
ilumina los chopos blancos del camino. Belleza.
El gorrión revuela en la ventana de casa. Soledad.
La silva impenitente y la frágil alegría

persiguen tu rostro en la noche oscura. Tu nombre.
La manzana trae ecos de sonrisas. Todo bulle.
La noche se ilumina con esperanza a la hora del viento.
La mañana amanece sin prisa, conoce la pregunta
que vuelve vacía: los pareados musgos quedan atrás.
No es ni bueno ni malo el verde.
Cuando el soneto se escribe, tú me esperas y
la soledad incrementa su fulgor con el reloj en la mano.

El sol ilumina las espectrales y metáforas horas
del creciente e invernal crepúsculo en su dejadez.
La estufa teme su soledad primaveral,
pues el invierno se escapa ventana arriba, poeta.
En el verano, en la playa, con aquella lentitud de tu
                                    [sonrisa.
Donde todo vale, no así en poesía. La palabra queda
                                    [elevada
pergeñada por la juguetona ola y sus blancas nubes.

¡Eso es poesía! Género literario: batir de palabras
que la lámpara ilumina fugaz en sus versos; y
en el rincón oscuro de la página, gorriones de hollín.

III

Sin palabras debe ser el verso claro, verdadero verde
gracioso vuelo de golondrina en el poema. Es mayo.
El sepulcro y sus muros callan, aquel sarcasmo.
La poesía trasciende el mármol de un florecer cierto.
O lo que es lo mismo, el lenguaje se ha desencadenado.
El verso es inexplicable. Tal vez no florezca
excepto por la página que aporta sueños.

El lector es siempre el que empieza y termina
el poema y su decir significado de nuestro más allá.
Tú te (re)inventas en los poemas. No floreces.
Tú te descubres en las palabras. Conservas tu mirada.
En la lectura los signos son. Y los sueños ascienden.
En tu escritura no se significan. Te queda el pudor
                                              [del verso.
¿Qué clave utilizas, poeta, al arrojar tu poema al vacío?
La misma que tú, lector: un increíble corazón
aún con su palabra rota. Es la palabra sida.

Pensar la poesía es pensar la metamorfosis,
su verdad y su belleza. Kafka tenía razón

pues qué felicidad mayor que la fe en un dios
del hogar. Nadie puede escapar de su paz.
Fuimos creados para vivir en el paraíso:
el Jiloca y su paisaje: Burbáguena.

IV

El lenguaje habla a través
del poeta. Es su instrumento.
En la gruta feroz de las palabras
no hay otra verdad que el verso.
El verso trasciende porque transmuta.
El verso es verso porque ama ser.
La rosa es rosa en el rosal de casa.
Tu madre riega el cerezo del corral.

Gozosas noches estivales en tus ojos
reflejan el sentir no visto en ellas.
No te olvides de apagar el verso cálido
cuando abandones el portal de su casa;
pues la sombra de tu poesía, al salir,
exorcizó el lenguaje suyo, ido.
La poesía necesitó de tu verbo
para encarnar y ver más allá.
Tal vez Dios conduzca al poeta;
pero el poeta conduce su pluma.

Tras el gesto llegó ese algo más.
Ese vuelo del pájaro cuervo en tu página.
¡Acaso el acto intelectual no es el fin,
pero tampoco su desprecio es el medio!
¿Cuándo lo divino de todo encarnará
en lo cotidiano de tu vida y la mía?
Cuando los versos sean golondrinas:
memoria del fuego gélido de abril.
¡La primavera se despereza de nuevo!
¡Todo es viña, trazo, verde grafía,
en el cierzo frío de Burbáguena!

EL MUNDO ES

La voz dicta en el frío cierzo
el nombre de las cosas.
Su timbre, su gesto,
su eco: la palabra:
presencia en la ausencia.
Balbuceo.

Tu mundo es
el dictado del río,
lo no dicho.
Tu palabra es
la mirada abierta
del agua alegre
en esta ribera.

LA PÁGINA

En esta ribera
está la página,
sus palabras,
el abismo:
siempre balbuceos.
Luz y más luz,
sombras y más sombras,
fragmentos,
cristales,
márgenes.
Huesos y ruinas,
verdad o negación.
El poeta es aprendiz:
cementerio de Burbáguena,
para ser amado.

EL POETA ES

A Óscar Ayala, in memoriam

Para ser, el poeta es una
metáfora incompleta
cuyo sujeto se ha perdido.
He ahí lo infinito
de lo finito.
Todo es posible.
Solo es amar.
También es pensar.
Así pues, lo imposible
es lo posible del ser.
Delirios, sueños:
Sueños de lirios,
locura, poetas,
poesía, pretexto.
Al otro lado del espejo:
solo fábulas.
Mirar la viña y ver:
abrir los ojos.
La luz ya no alumbra.

Sombra y fulgor.
Soledad. Búsqueda
de ese espacio sin tiempo.
En la nada, en la noche,
en la muerte: en su esquina.
Zohar: verso ardiente:
en el centro de la llama.

Y todo se resuelve en música
hasta la lluvia del río. Allá
en Burbáguena y su Jiloca.
Pueblo de versos.

Belleza
perecedera
del instante.

AQUELLA MIRADA

Belleza. La mirada menor,
con la que contemplas ese paisaje,
aquella ola que acaricia esa arena salada:
ese mar incompleto pues faltan sus pasos.

Ya no hay límites infinitos,
ni arpegios ni mudanzas.
Todo es sílaba del anochecer:
memoria impenitente de esa otra ola
a la deriva. Queda su huella.

No quieres alcanzar el blanco de la página,
sí el rasguear de la pluma azul bajo tu acaso.

TAL VEZ

Tal vez tu vida sea eso, apresar tropos
en la esquina del verso, donde la palabra
es guiño, es gesto, es su mirada y su ausencia.
Geometría de silencios, con él y en él.

Tal vez hable verdad quien belleza escribe
y contemple tanto la sombra, que ella
se adueñe de todo. Pues en los versos
de más enjundia anidan los profundos
silencios de lo no dicho. Y alguien
algún día pensará en gritar sus nombres.

Tal vez o nunca el hombre que salga de su página
escape también y a la vez de sí mismo.
Salir de ella será pues vana ilusión.

Tal vez todo sea un fracaso de andanza.
Y, sin embargo, buscas esa fragancia del verso,
perfumado por los abrazos del destino:
la cicatriz del cierzo. Y allí fuimos felices
aquel verano ido. Burbáguena es toda luz.

LA POESÍA

La poesía también es toda luz,
es el espejo de tu pensamiento,
no lo dudes.
Donde lo no dicho se hace elocuente,
a tu pesar.
Hoy, todo lo que tienes es este poema
y gracias.

Así pues, la poesía conforma tu biografía.

¿Acaso tu niñez en Burbáguena no es el territorio
de lo indecible?
¿Acaso tus libros, cada uno, no está contenido
en el anterior;
y *Fosfenos* no contiene al siguiente sido?

Tu búsqueda ha durado mucho tiempo:
¿el reconocer tu herida, la poesía, no fue
su curación inmediata?
Imágenes y tropos te sedujeron.

Palabra y sentimiento, tesón e inspiración,
azar y necesidad. Todo poder afectivo
en esa noche oscura del alma inquieta.
Tu quehacer ha sido exilio, diáspora, desierto.
Hoy, el lugar de tu palabra es Burbáguena.
Y una tarde como esta, en la que olvidas
todo, el paseo hasta la viña se hace filosofía.
Pues cuento y canto es la poesía en su forma
y manera, nos decía don Antonio Machado.
Y todo a la vez, tus pasos, el paseo, el ritmo.
Tus recuerdos y tu anhelo: tu mirada en su mirada.
Y detrás de la tierra, nada: el abismo negro.

Solo la palabra exacta es poesía. Con ideas
existe tal poesía: dicen digo dirán: palabra
viva, flor de un día en la terraza de tu casa.

El poema ha sido traspasado por el rayo azul
de esa palabra justa y necesaria: conocimiento
que se vive. Verdad revelada en el sutil verso:
tu lectura la resucita al conjugar tropos y signos.
Es la lectura del mundo de quien la escribe.

Es la relación con la otredad esa su enjundia,
de la palabra con proyección pluscuamperfecta.

La poesía es hoy más necesaria si cabe
y la tuya es un drama desde tu infancia,
acéptalo. Tu poesía es la que es, no otra.
Es tu escritura. Es tu relación vital. Es presente.
Es tu memoria. Es tu mirada. Es futuro:
desconocido pero futuro. Es presencia.
Es ausencia. Tal vez no sea verdad. Y sí
temor y temblor. Ya no estás en la imagen.
Pisas la viña, acaricias sus cepas, sus uvas.
Sabes de su verdad y belleza. No de tus emociones.

Amanecer de la poesía en la viña.
Para romper su silencio el paisaje
te susurra. No puedes ser más paciente.
El lenguaje te despierta. El verso es real.
Transustanciación posible del paisanaje.
La espiritualidad de lo cotidiano.
El duende, el ángel, la musa.
Tras el verso, la poesía.

Necesita encarnar y ver más allá
del paisaje. Todo y nada en la tragedia,
sin coartada alguna, conciencia
abocada a sí misma, al anochecer.

Queda la noche y ella sabe esperar.
Ya se alejan las palabras.
Ya regresas de la viña.
De noche tal vez sueñes con ella:
esa enloquecida ciudad y su mar.
Reconocer su voz fue tu rescate.
Y sin embargo amas su luz mediterránea.

TU CIERZO Y EL MÍO

El cierzo condiciona, no destruye,
limpia y deshace, borra el pasado,
hace que mi pueblo esté abierto
a todas las posibilidades.
Arranca a las personas de sus ruinas
y nos lleva al límite infinito.

Así es el cierzo en mi pueblo:
hace brotar la sonrisa gélida
al salir de casa. ¡Dios, cómo sopla
barrio Moral arriba!
Es algo que nos habla,
como la poesía,
palabra escuchada.

¡Qué fresco es el cierzo
en Burbáguena!
Y cuántos poemas nos trae
este cierzo tuyo y mío.
La verdad anida en el verso.

EN CALAMOCHA

A Juan Antonio Tello

El cierzo rasga
los tres versos del haiku
nunca dictado.

LA LUNA

A Antonio Ansón

La luz de la luna no cambia,
en Burbáguena.

Si te parece distinta cada noche
es que es agosto y nos acompaña
camino de la fuente.

De tu verso me queda esa mirada.

EL MUNDO

A Carlos Castilho Pais

El mundo es un dédalo de cenizas,
una geometría de escombros

Las esquinas de sus versos
están salpicadas
de metáforas certeras

En la soledad del poema
se escucha con temor y temblor
el crepitar de la zarza y su palabra

El mundo tiene hoy
           necesidad de silencio

GARNACHA

A Alfredo Saldaña

El lenguaje es tu vida,
el signo de la pizarra,
la viña de tu padre,
el silencio del camino:
Burbáguena en la distancia.

Tú, errante,
regresa ya.
Tu camino es
        el pueblo.

TESTAMENTO

Un poema desnudo
es mi paisaje:
                    Burbáguena.

Polvo enamorado
serán mis cenizas.

Abono para la carrasca:
en la viña,
de mi padre.
Sin miedo a los inviernos.

dentro el amor, allí naciendo el mundo.

Francisco BRINES

ÍNDICE

Este libro
se terminó de imprimir
en los talleres del Servicio de Publicaciones
de la Universidad de Zaragoza
en abril de 2026

TÍTULOS DE LA GRUTA DE LAS PALABRAS

1 Manuel M. Forega, *Cuerpo de la edad (1981-1985)* (1985).
2 Emilio Gastón Sanz, *Musas enloquecidas* (1987).
3 Julio Alejandro de Castro, *Singladura* (1988).
4 José Antonio Labordeta, *Diario de náufrago* (1988).
5 Javier Delgado, *El peso del humo. (Libro de Horas Profanas)* (1988).
6 Jose Antonio Rey del Corral, *Poemas del sentido* (1988).
7 Javier Barreiro, *Dientes en un cofre* (1988).
8 Manuel Estevan, *Diario del frío* (1988).
9 Manuel Vilas, *Osario de los tristes* (1988).
10 Alfredo Saldaña, *Fragmentos para una arquitectura de las ruinas* (1989).
11 Mariano Esquillor, *Elegías a Fuensanta* (1989).
12 Antonio Ansón Anadón, *Memoria del Limo* (1989).
13 Rosendo Tello Aína, *Las estancias del Sol* (1990).
14 Ángel Petisme, *Habitación salvaje* (1990).
15 Miguel Luesma Castán, *Crónicas del abismo (1988-1989)* (1990).
16 Ana María Navales, *Los espejos de la palabra. (Antología personal)* (1991).
17 Antonio Fernández Molina, *El cuello cercenado. Antología poética* (1991).
18 Fernando Ferreró, *Falacia* (1992).
19 Luis Moliner, *Bethel y Música* (1992).
20 Manuel M. Forega, *He roto el mar (1980-1990)* (1993).
21 Alberto Montaner Frutos, *Teatro de delicias* (1993).
22 Teresa Agustín, *Cartas para una mujer* (1993).
23 Fernando Sanmartín, *Manual de supervivencia. (Consejos inútiles)* (1993).
24 Joaquín Carbonell Martí, *Laderas de ternero* (1994).
25 Enrique Gutiérrez, *Un país sin nadie* (1994).
26 Rolando Mix Toro, *El espejo y tú* (1994).

27 Magdalena Lasala Pérez, *Sinfonía de una transmutación* (1995).

28 Miguel Ángel Ordovás, *Poemas Evónimos* (1996).

29 Miguel Ángel Longás, *Escolios* (1997).

30 Antonio Blas Villa Berduque, *Andábata* (1997).

31 Mercedes Yusta, *Las mareas del tiempo* (1998).

32 José María Pérez Collados, *Lo que no te conté de mis viajes* (1998).

33 José Luis Trisán, *La libertad sonríe. (Homenaje a Luis de Pablo)* (1999).

34 Salvador Redonet (selección y prólogo), *Para el siglo que viene: (Post)novísimos narradores cubanos* (1999).

35 Eduardo Jordá, *Orco* (2000).

36 Alfonso Sánchez, *Lo fatal (Poemas)* (2000).

37 Rafael Yuste, *Trilogía de Historia Natural* (2001).

38 Antonio Fernández Molina, *Un gallinero en la ciudad. (Relatos)* (2001).

39 P. Rubio Montaner, *Tímidas existencias* (2001).

40 Carlos Alcorta, *Compás de espera* (2001).

41 Joaquín Sánchez Vallés, *Pasos en el jardín* (2002).

42 Francisco López Serrano, *La caricia de un sueño* (2002).

43 Fernando Ferreró, *Revisión prospectiva* (2002).

44 Fernando Andú, *Invenciones de las cárceles* (2002).

45 Tristan Tzara, *Los primeros poemas (Poemas rumanos)* (2002).

46 José Antonio Conde, *La vigilia del mármol* (2003).

47 Alfredo Saldaña, *Pasar de largo* (2003).

48 Javier Sancho, *Cuentos de colores* (2003).

49 José Antonio Sáez, *Derrota de las islas* (2003).

50 Ángel Guinda, *La creación poética es un acto de destrucción. Antología (1980-2004)* (2004).

51 José Ignacio Foronda, *Jaulas* (2004).

52 J. L. Rodríguez García, *En la última ciudad* (2004).

53 José Verón Gormaz, *El exilio y el reino* (2005).